Lou Herfurth

Alles Roger, deine Fellnase

Schütze die Zukunft deines Hundes mit einer Haustierverfügung

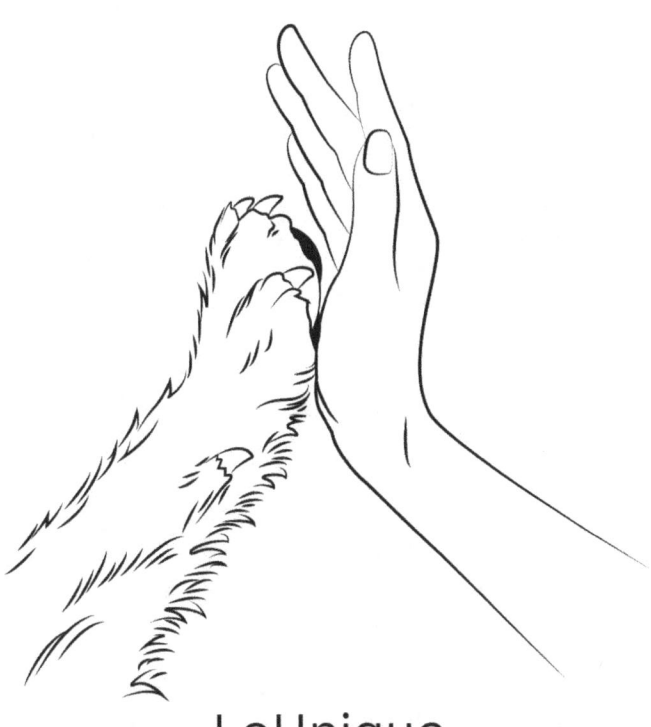

LoUnique

Meiner Familie und Freunden gewidmet,
die mir beistanden, als mir beinahe der
Himmel auf den Kopf fiel und mich ermutigten,
an einem Punkt weiterzumachen,
an dem andere längst aufgegeben hätten.

Impressum

Texte: © 2024 Lou Herfurth
Umschlag & Gestaltung: © 2024 OAI-Canva-Lou Herfurth
Verlag: LoUnique, Neue-Anlage-Straße 65, 76135 Karlsruhe
Druck: independently published

2. Auflage 2024

Zur besseren Lesbarkeit wird das generische Maskulinum verwendet. Die verwendeten Personenbezeichnungen beziehen sich – sofern nicht anders kenntlich gemacht – auf alle Geschlechter.

INHALT

Das etwas andere Vorwort

Hi du!

Wir kennen uns nicht und vielleicht werden wir uns auch nie kennen lernen. Aber das macht nichts. Wenn du dieses Buch in der Hand hältst, vermute ich, du magst Hunde. Ich auch. Und schon haben wir eine Gemeinsamkeit. Ich wollte dir trotzdem etwas von mir erzählen und dir direkt eine Frage zuwerfen:

Wenn dir gleich der Himmel auf den Kopf fällt... was passiert mit deinem Wuffel?

Es war ein lauer Januarabend gegen 18:27 Uhr, als ich beschloss, eine Runde durch einen Karlsruher Park zu joggen. Auf den Ohren meine Lieblingsmusik, zu der ich im Takt meine Kilometer lief. Ich freute mich auf eine heiße entspannende Dusche und das gemeinsame Abendessen mit meinem Hund. Im Leben wäre ich nicht auf die Idee gekommen, dass dieser Plan nicht aufgehen könnte, schließlich machte ich das jeden Abend.

Jäh wurde es mir schwarz vor den Augen und ich sah Sterne. Blitze schienen mir in den Rücken zu fahren und ein brennender Schmerz schoss mir in den Allerwertesten. Es dauerte einen Moment, ehe ich vor mir in einiger Entfernung einen Radfahrer stehen sah, der mich beobachtete. Bis heute weiß ich nicht, wie ich es schaffte stehen zu bleiben, als dieser mich in voller Geschwindigkeit von hinten schlug und anschließend interessiert auf meine Reaktion wartete...

Eine aufwändige Operation war notwendig, um meinen Rücken wieder zu flicken, der nun geschraubt und mit Titanplatten fixiert wurde. Ich musste das Laufen neu lernen, ebenso einen neuen Bewegungsablauf im Alltag und einige Aktivitäten, denen ich früher nachging, gab ich zu einem Teil auf. Das Joggen im Park ist eine davon.

Meine Recherche ergab, dass sich etliche Jahre zuvor an eben dieser Stelle im Park ähnliches ereignete. Im Gegensatz zu der jungen Mutter von zwei Kindern kam ich mit dem Leben davon. Außerdem erfuhr ich hinter vorgehaltener Hand, dass sich diese Vorfälle häuften, aber kaum darüber berichtet wurde, um die Ermittlungen nicht zu beeinträchtigen. Die Akten wurden kurze Zeit später erfolglos abgelegt. Geblieben ist ein neuer Lebenslauf und die Aufgabe für mich und meinen Körper eine neue Bedienungsanleitung zu entwickeln.

Ich kenne niemanden, der das Leben überlebt hat und selbst das verläuft selten nach Plan. Und weil das so ist, solltest du zumindest einen darüber haben, wie das deiner geliebten Fellnase aussehen soll, wenn du nicht (mehr) dabei bist. Offenbar hast du darüber schon einmal nachgedacht, sonst würdest du dieses Buch nicht in der Hand halten. Gerne helfe ich dir dabei, den letzten Schritt zu tun und die Zukunft deines Hundes abzusichern, damit dieser nicht zum Wanderpokal wird, falls du doch mal vom Blitz getroffen wirst.

Es wird nicht einfach, aber es lohnt sich. Pfote drauf!

Deine Lou

"Ich komme gleich wieder!"
ergibt für Hunde keinen Sinn.

Alles, was er weiß, ist, dass du fort bist.

Dieses Buch ist für dich und deine Fellnase.

Rechtliche Situation der Haustierverfügung in Deutschland

In Deutschland gibt es keine speziellen gesetzlichen Regelungen, die sich explizit mit Haustierverfügungen befassen. Dennoch können allgemeine rechtliche Instrumente und Prinzipien des Zivilrechts, insbesondere des Erbrechts und Vertragsrechts, genutzt werden, um eine solche Verfügung rechtswirksam zu gestalten. Hier sind die wichtigsten rechtlichen Aspekte im Detail:

1. Form und Rechtsnatur der Haustierverfügung

Formfreiheit: Grundsätzlich können Haustierverfügungen formlos erstellt werden, da es keine speziellen gesetzlichen Anforderungen an deren Form gibt. Es ist jedoch ratsam, die Verfügung schriftlich zu verfassen, um Klarheit und Nachweisbarkeit zu gewährleisten. Eine notarielle Beglaubigung ist nicht erforderlich, kann aber die Rechtsverbindlichkeit erhöhen.

Testamentarische Regelung: Eine Haustierverfügung kann als Bestandteil eines Testaments oder als eigenständiges Dokument erstellt werden. Im Rahmen eines Testaments müssen die formellen Anforderungen des § 2247 BGB (Bürgerliches Gesetzbuch) erfüllt werden, wenn es eigenhändig verfasst wird:

Das Testament muss handschriftlich geschrieben und unterschrieben sein.
Es sollte mit Ort und Datum versehen werden.

Vertragliche Vereinbarungen: Neben der testamentarischen Regelung können auch vertragliche Vereinbarungen mit potenziellen Betreuern des Haustiers getroffen werden. Diese Verträge können zivilrechtlich bindend sein und Verpflichtungen sowie finanzielle Regelungen zur Versorgung des Haustieres enthalten.

2. Ernennung eines Betreuers

Hauptbetreuer und Ersatzbetreuer: In der Haustierverfügung sollte klar benannt werden, wer die Verantwortung für das Haustier übernehmen soll. Es empfiehlt sich, sowohl einen Hauptbetreuer als auch einen oder mehrere Ersatzbetreuer zu benennen, falls der Hauptbetreuer nicht verfügbar ist. Die benannten Personen sollten vorab informiert und ihr Einverständnis eingeholt werden.

Verpflichtungen des Betreuers: Die Pflichten des Betreuers sollten detailliert beschrieben werden. Dazu gehören Fütterung, Pflege, medizinische Versorgung und allgemeine Betreuung des Tieres. Diese Verpflichtungen können durch vertragliche Vereinbarungen verbindlich gemacht werden.

3. Finanzielle Regelungen

Finanzielle Absicherung: Zur Sicherstellung der finanziellen Versorgung des Haustieres kann im Testament oder in der Verfügung ein Geldbetrag oder ein bestimmter Teil des Erbes für die Pflege des Tieres vorgesehen werden. Diese Mittel können in einem Treuhandfonds verwaltet werden.

Verwaltung der Mittel: Es sollte eine vertrauenswürdige Person oder Institution benannt werden, die die finanziellen Mittel verwaltet und sicherstellt, dass sie ausschließlich zum Wohle des Haustieres verwendet werden.

4. Rechtliche Durchsetzbarkeit

Notarielle Beglaubigung: Obwohl nicht zwingend erforderlich, kann die notarielle Beglaubigung einer Haustierverfügung oder eines Testaments die Durchsetzbarkeit und Rechtsverbindlichkeit erhöhen. Ein Notar kann zudem beratend tätig sein und sicherstellen, dass das Dokument juristisch korrekt formuliert ist.

Vorsorgevollmacht: In einer Vorsorgevollmacht können ebenfalls Regelungen zur Betreuung des Haustieres getroffen werden. Diese Vollmacht tritt in Kraft, wenn der Besitzer geschäftsunfähig wird. Sie sollte schriftlich verfasst und von einem Notar beglaubigt werden.

5. Sonderregelungen für Haustiere im Erbrecht

Haustiere als Erben: In Deutschland können Haustiere nicht direkt als Erben eingesetzt werden, da sie rechtlich als Sachen gelten. Es kann jedoch bestimmt werden, dass eine Person, die das Haustier übernimmt, auch einen bestimmten Teil des Erbes erhält, um für die Versorgung des Tieres zu sorgen.

Vermächtnis: Durch ein Vermächtnis (§ 1939 BGB) kann der Besitzer anordnen, dass eine bestimmte Person einen Geldbetrag oder Sachwert erhält, um das Haustier zu versorgen. Dies stellt sicher, dass das Tier auch nach dem Tod des Besitzers gut versorgt wird.

6. Umsetzung und Verwaltung

Dokumentation und Aufbewahrung: Es ist wichtig, die Haustierverfügung gut zu dokumentieren und an einem sicheren Ort aufzubewahren. Eine Kopie sollte beim Hauptbetreuer und bei den Ersatzbetreuern hinterlegt werden. Es kann auch sinnvoll sein, eine Kopie bei einem Anwalt oder Notar zu hinterlegen.

Regelmäßige Aktualisierung: Die Haustierverfügung sollte regelmäßig überprüft und bei Bedarf aktualisiert werden, insbesondere wenn sich die Lebensumstände des Besitzers oder des Tieres ändern.

Zusammengefasst lässt sich sagen, dass eine Haustierverfügung in Deutschland rechtlich möglich und sinnvoll ist, um die Versorgung des geliebten Haustieres sicherzustellen. Durch klare Regelungen, vertragliche Vereinbarungen und gegebenenfalls notarielle Beglaubigungen kann die Rechtsverbindlichkeit und Durchsetzbarkeit der Verfügung gewährleistet werden.

Über meinen Hund

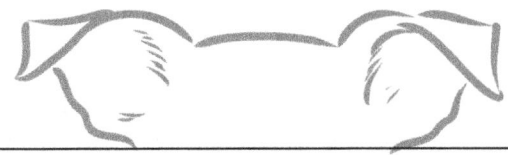

Rufname Eingetragener Geburtsname Zwingername	
Geschlecht (kastriert/ sterilisiert)	
Rasse (soweit bekannt)	
Geburtsdatum (soweit bekannt)	
Farbe	
Chipnummer, Tättoonummer	
Platzierung der Erkennung (li / re Ohr, Zunge, li / re Halsseite)	
EU-Ausweis ja / nein	
EU-Ausweis Nummer	
Registrierte Portale Tasso, etc.	
Registrierte Nummer im Portal	
Workingdog Profil (falls vorhanden)	
Andere Rasseprofile (Name)	
Zuchtbuch und Nummer (falls vorhanden)	
Prüfungen und Zulassungen	
Eigene Eintragungen	

Besondere Merkmale - Aussehen - Verhalten

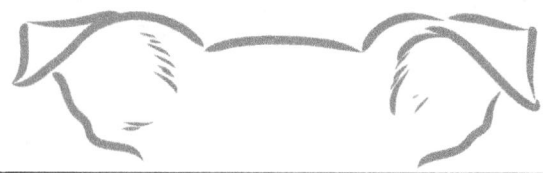

Aussehen, Abzeichen	
Körperliche Besonderheiten	
Verträglichkeit mit Artgenossen und anderen Tieren ja / nein	
Besondere Verhaltensweisen	
Erlernte Kommandos	
Eigene Eintragungen	

Besondere Merkmale und Abzeichen

Trage hier Flecken, Blessen, Narben oder ähnliches ein. Dazu kannst du die betreffende Stelle einkreisen oder anmalen und eine Notiz dazu schreiben oder allgemein eigene Angaben machen.

linke Seite

rechte Seite

Vorderansicht

Besondere Merkmale und Abzeichen
Zahnstatus

Trage hier den Zahnstatus deines Hundes ein, wenn dir Besonderheiten bekannt sind. Dazu kannst du den betreffenden Zahn einkreisen und eine Notiz dazu schreiben oder allgemein eigene Angaben machen.

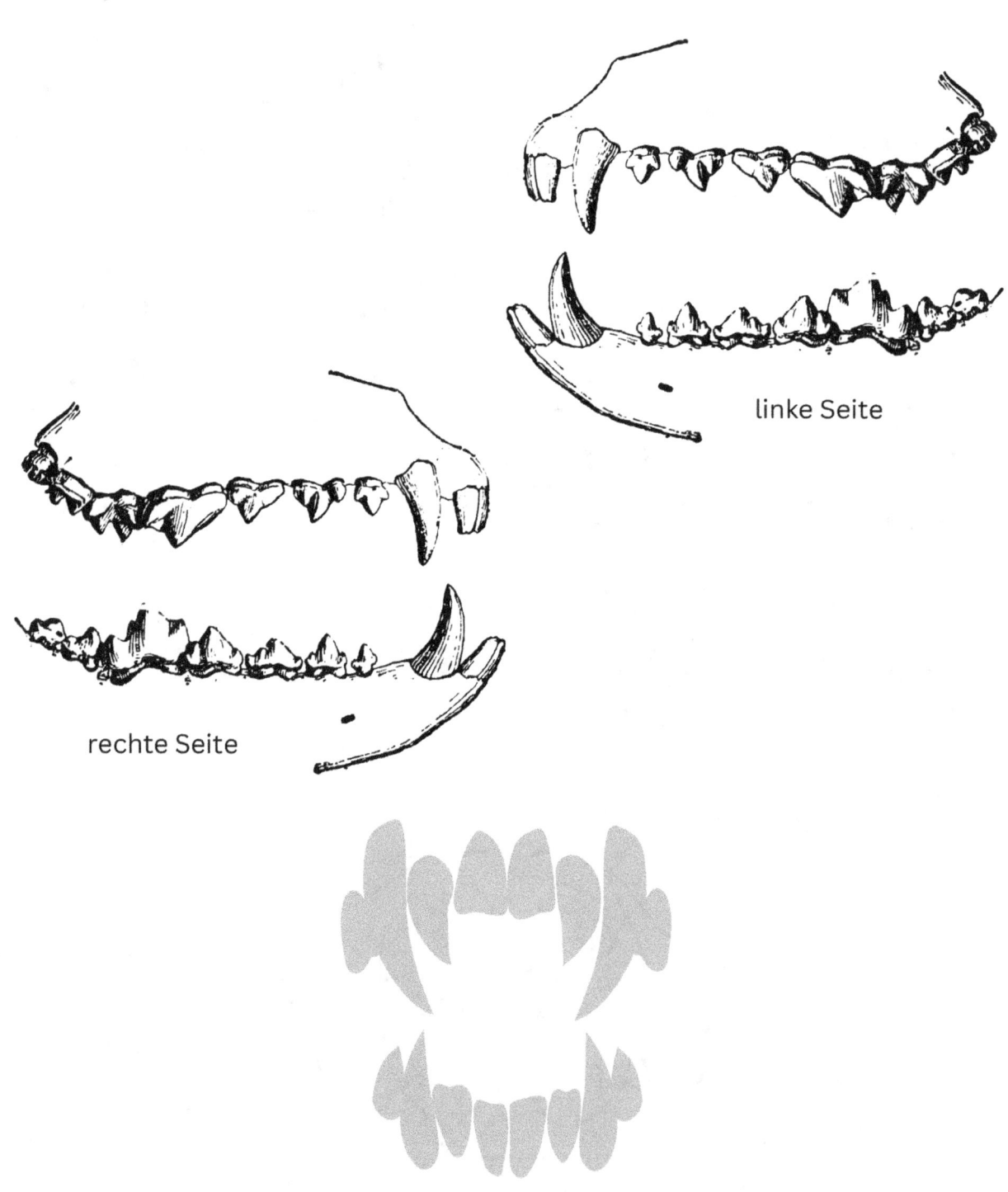

linke Seite

rechte Seite

Vorderansicht

Tierärztliche Dokumentation

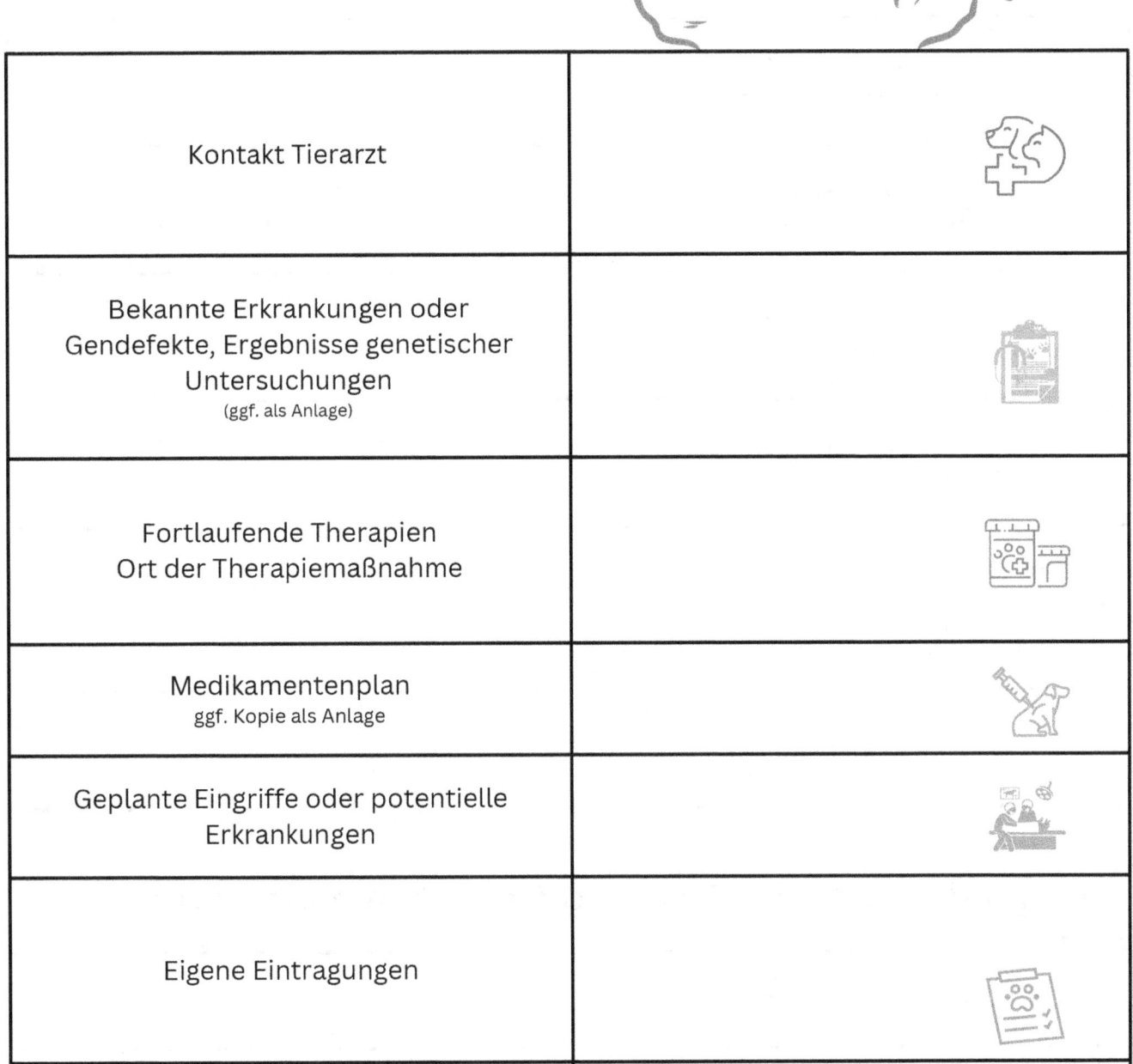

Kontakt Tierarzt	
Bekannte Erkrankungen oder Gendefekte, Ergebnisse genetischer Untersuchungen (ggf. als Anlage)	
Fortlaufende Therapien Ort der Therapiemaßnahme	
Medikamentenplan ggf. Kopie als Anlage	
Geplante Eingriffe oder potentielle Erkrankungen	
Eigene Eintragungen	
Anlagen	

Notfallkontakte und Vertrauenspersonen

Notfallkontakt Name, Adresse, Telefon	
Vertrauensperson Name, Adresse, Telefon	
Hauptbetreuer Name, Adresse, Telefon	
Ersatzbetreuer Name, Adresse, Telefon	
Im Notfall oder bei Übernahme zu kontaktieren (Trainer, Züchter, Tasso, …)	
Eigene Eintragungen	

Besondere Bedürfnisse und Favoriten meines Hundes

Beste Hundefreunde	
Lieblingsplätze	
Lieblingsmenschen	
Spezielle Bedürfnisse	
Eigene Eintragungen	

Rechtliches, Versicherungen und Steuer

Gefährlicher Hund ja/ nein	
Maulkorb- und/oder Leinenpflicht ja/ nein	
Beschlossen von (Behörde) am	
Steuernummer bei Stadt (Name)	
Haftpflicht: **Versicherungsnummer bei Versicherung** **(Name)**	
Haftpflicht: **Versicherungsnummer bei** **Vorversicherung (Name)** falls vorhanden	
Haftpflicht: **Regulierte Vorschäden ja/ nein, Höhe**	
Tierkrankenversicherung: **Versicherungsnummer bei (Name)**	
Tierkrankenversicherung: inkl. OP ja/ nein	
Tierkrankenversicherung: Selbstbeteiligung ja/ nein (Höhe)	
Kopien beigefügt ja / nein	
Eigene Eintragungen	

Pflege und Versorgung

Futter	
Art des Futters (Dose, BARF, Marke)	
Fütterungsintervall	
Besonderheiten (Allergie, Überfressen, Anti-Schling-Napf)	
Besondere Vorlieben und Abneigungen	
Lieblingsleckerlies und Snacks	
Eigene Eintragungen	

Fell- und Krallenpflege	
Regelmäßiges Grooming bei (Hundefriseur)	
Favorisierte Bürsten, Kämmen, Shampoo und Pflegeprodukte	
Produktunverträglichkeiten	
Besonderheiten	
Krallenpflege ja/ nein durch (Name)	
Parasitenprophylaxe ja/ nein mit (Produkt)	
Eigene Eintragungen	

Meine Moral- und Wertevorstellungen
zur Einschätzung der Lebensqualität meines Hundes

Ich halte eine Abwesenheit von 8 und mehr Stunden pro Tag für vertretbar: ja, nein, zeitweise, eigene Antwort	
Ich befürworte die (unter Umständen) dauerhafte Verwendung von Medikamenten mit dem Wirkstoff Bedinvetmab zur Lebensverlängerung/ evtl. Erhöhung der Lebensqualität meines Hundes ja, nein, eigene Antwort	
Eine Kastration/ Sterilisation meines intakten Hundes kommt für mich in Frage: ja, nein, nur aus medizinischer Notwendigkeit, eigene Antwort	
Ich schließe meinen Hund aus der Zucht aus: ja, nein, nein, sofern erforderliche Zulassungen und negative Gentests vorliegen, eigene Angaben	
Ich schließe die Weitergabe oder Überlassung meines Hundes an Institutionen oder Labore zu Zwecken von Tierversuchen aus: ja, nein, eigene Angabe	
Ich befürworte die Überlassung meines verstorbenen Hundes an die Albert-Heim-Stiftung der Schweizerischen Kynologischen Gesellschaft mit Sitz im Naturhistorischen Museum in Bern, um die kynologische Forschung und Sammlung weltweiter Rassehunde zu unterstützen: ja, nein, eigene Antwort	
Flug- und Busreisen, bei denen mein Hund im Laderaum verfrachtet wird, lehne ich ab: ja, nein, eigene Antwort	
Die Amputation von Gliedmaßen meines Hundes zu Zwecken der Lebensverlängerung lehne ich ab: ja, nein, eigene Antwort	
Mit dem Einsatz von Implantaten und ähnlichen orthopädischen oder dentalrelevanten Eingriffen bei meinem Hund bin ich einverstanden: ja, nein, eigene Antwort	
Mit der Euthanasie meines Hundes aufgrund unkontrollierbarer Verhaltensmuster bin ich einverstanden: ja, nein	
Ich bin damit einverstanden, dass mein Hund zu Ausbildungszwecken zeitweise in die Hände Dritter gegeben wird: ja, nein, eigene Angabe	
Ich bin damit einverstanden, dass mein Hund zu Zuchtzwecken zeitweise in die Obhut Dritter gegeben wird: ja, nein, eigene Angabe	
Ich bin damit einverstanden, dass mein Hund zeitweise in einer Hundetagesstätte oder ähnlicher Einrichtung untergebracht wird: ja, nein, eigene Angabe	
Ich befürworte die weitere Ausbildung und Prüfung meines (Arbeits- und Gebrauchs)hundes: ja, nein, eigene Angabe	
Ich befürworte die Teilnahme meines Hundes an Hundeausstellungen und Rasseshows: ja, nein, eigene Angabe	
Ich bin damit einverstanden, dass mein Hund von Amts wegen untergebracht wird, sollte sich nach meinem Ableben keine betreuende Vertrauensperson finden: ja / nein	
Ich bin damit einverstanden, dass die betreuende Person meines Hundes eine andere Betreuung nach eigenem Ermessen auswählt: ja / nein	
Eine Weitergabe meines Hundes schließe ich aus: ja / nein	
Sofern möglich soll mein Hund die Gelegenheit erhalten, von mir Abschied zu nehmen: ja / nein	
Ich befürworte notwendige Impfungen und Grundimmunisierungen: ja, nein, eigene Angaben	

Abschied und Erinnerung

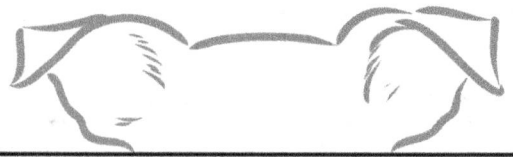

Mein Hund soll auf diese Weise bestattet werden: eigene Angabe	
Mein Hund soll der Kynologischen Sammlung in Bern zugeführt werden: ja, nein, eigene Angabe	
Die Euthanasie meines Hundes unterliegt der Verantwortung des Hauptbetreuers, bzw. des Ersatzbetreuers, sofern medizinische Gründe vorliegen, die die Lebensqualität meines Hundes stark beeinträchtigen und um dauerhaftes Leiden zu verhindern: ja, nein	
Ich möchte, dass diese Erinnerung an meinen Hund nach dessen Ableben erhalten wird: keine, nach Ermessen des Betreuers, eigene Angabe	
Eigene Angaben	

Finanzielle Mittel

Aus meinem Erbe (Testament) stehen folgende finanziellen Mittel zur Versorgung meines Hundes zur Verfügung:	
Diese Mittel sollen nach meinem Ableben der betreuenden Person meines Hundes ausschließlich zum Wohle meines Hundes zur Verfügung gestellt werden. Der Verwalter soll sicherstellen, dass dieses Geld zweckgebunden aufgewendet wird für Futter, allgemeine Pflege, Steuer und Versicherung, sowie der medizinischen Versorgung meines Hundes. Die Verwaltung dieser Mittel hat inne:	(Name Verwalter)
Oder: Nach meinem Ableben geht mein Hund in den völligen Besitz des Hauptbetreuer über, der damit ebenso dessen allgemeine und medizinische Grundversorgung, sowie finanzielle Absicherungen verantwortlich übernimmt: ja /nein	
Eigene Eintragungen und Bemerkungen	

Betreuungsverfügung

Ich möchte, dass im Falle meiner Abwesenheit oder meines Ablebens mein Hund

_____
(Name des Hundes),
geboren am

_____
(Geburtsdatum des Hundes),

_____
(Chipnummer des Hundes),

_____
(Rasse)

hauptverantwortlich von dem von mir benannten
Hauptbetreuer _____ (Name) betreut wird und dieser Entscheidungen über dessen Wohl und Verbleib gemäß meinen Vorstellungen dieser Verfügung treffen soll, da mein Hund und ich dieser Person vertrauen.

Für den Fall, dass der Hauptbetreuer verhindert sein sollte, auf Zeit oder auf Dauer, bitte ich den von mir benannten
Ersatzbetreuer _____ (Name), die eben genannte Verantwortung zu übernehmen, auf Zeit oder auf Dauer.

Sollte kein Betreuer gefunden werden, erkläre ich mich damit einverstanden, dass mein Hund in einer anderen Institution untergebracht wird:
_____ (ja /nein)

Eigene Angaben:
_____
_____
_____
_____

_____
Ort, Datum, Unterschrift des Tierbesitzers

_____
Ort, Datum, Unterschrift des Hauptbetreuers

_____
Ort, Datum, Unterschrift des Ersatzbetreuers

16

Generalvollmacht

Hiermit erteile ich

_____

(Dein vollständiger Name)
geboren am

_____in_____
(Geburtsdatum, geboren in),
wohnhaft in

_____

(Adresse),
dem von mir ernannten Hauptbetreuer

_____

(Name des Hauptbetreuers),
geboren am

_____in_____
(Geburtsdatum, geboren in),
wohnhaft in

_____

(Adresse),

die Vollmacht, in meinem Namen und mit voller rechtlicher Bindung sämtliche Angelegenheiten im Zusammenhang mit meinem Hund

_____Chip: _____
(Name des Hundes), Chipnummer,
geboren am
_____
 (Geburtsdatum des Hundes),

_____

(Rasse),

zu regeln.

Diese Vollmacht umfasst insbesondere folgende Befugnisse:

Meldung bei der Steuerbehörde:
Den Hund bei der zuständigen Steuerbehörde um- oder abzumelden.

Tierarztbesuche und medizinische Entscheidungen:
Den Hund bei jedem Tierarzt vorzustellen und alle notwendigen Behandlungen und Eingriffe gemäß der Haustierverfügung und den Empfehlungen des Tierarztes zu veranlassen.
Über sämtliche medizinischen Maßnahmen und Eingriffe zu entscheiden, einschließlich Notfallbehandlungen, Operationen und regelmäßigen Vorsorgeuntersuchungen.

Ummeldung des Hundes:
Den Hund auf sich selbst oder eine andere geeignete Person umzumelden.

Versicherungen:
Haftpflichtversicherungen und Tierkrankenversicherungen für den Hund abzuschließen, zu ändern oder zu kündigen.
Alle notwendigen Maßnahmen zur Sicherstellung des Versicherungsschutzes zu ergreifen, einschließlich der Zahlung von Versicherungsbeiträgen aus den dafür vorgesehenen finanziellen Mitteln.

Diese Vollmacht tritt mit dem Zeitpunkt meiner Geschäftsunfähigkeit oder meinem Tod in Kraft und bleibt solange gültig, bis sie widerrufen wird oder die hierin benannte Person schriftlich erklärt, die Vollmacht nicht mehr ausüben zu wollen.

_____

Ort, Datum, Unterschrift

Diese Generalvollmacht kann nach Bedarf angepasst und bei einem Notar beglaubigt werden, um ihre rechtliche Wirksamkeit zu stärken.

17

Über meinen Hund

Rufname Eingetragener Geburtsname Zwingername	
Geschlecht (kastriert/ sterilisiert)	
Rasse (soweit bekannt)	
Geburtsdatum (soweit bekannt)	
Farbe	
Chipnummer, Tättoonummer	
Platzierung der Erkennung (li / re Ohr, Zunge, li / re Halsseite)	
EU-Ausweis ja / nein	
EU-Ausweis Nummer	
Registrierte Portale Tasso, etc.	
Registrierte Nummer im Portal	
Workingdog Profil (falls vorhanden)	
Andere Rasseprofile (Name)	
Zuchtbuch und Nummer (falls vorhanden)	
Prüfungen und Zulassungen	
Eigene Eintragungen	

Besondere Merkmale - Aussehen - Verhalten

Aussehen, Abzeichen	
Körperliche Besonderheiten	
Verträglichkeit mit Artgenossen und anderen Tieren ja / nein	
Besondere Verhaltensweisen	
Erlernte Kommandos	
Eigene Eintragungen	

Besondere Merkmale und Abzeichen

Trage hier Flecken, Blessen, Narben oder ähnliches ein. Dazu kannst du die betreffende Stelle einkreisen oder anmalen und eine Notiz dazu schreiben oder allgemein eigene Angaben machen.

linke Seite

rechte Seite

Vorderansicht

21

Besondere Merkmale und Abzeichen
Zahnstatus

Trage hier den Zahnstatus deines Hundes ein, wenn dir Besonderheiten bekannt sind. Dazu kannst du den betreffenden Zahn einkreisen und eine Notiz dazu schreiben oder allgemein eigene Angaben machen.

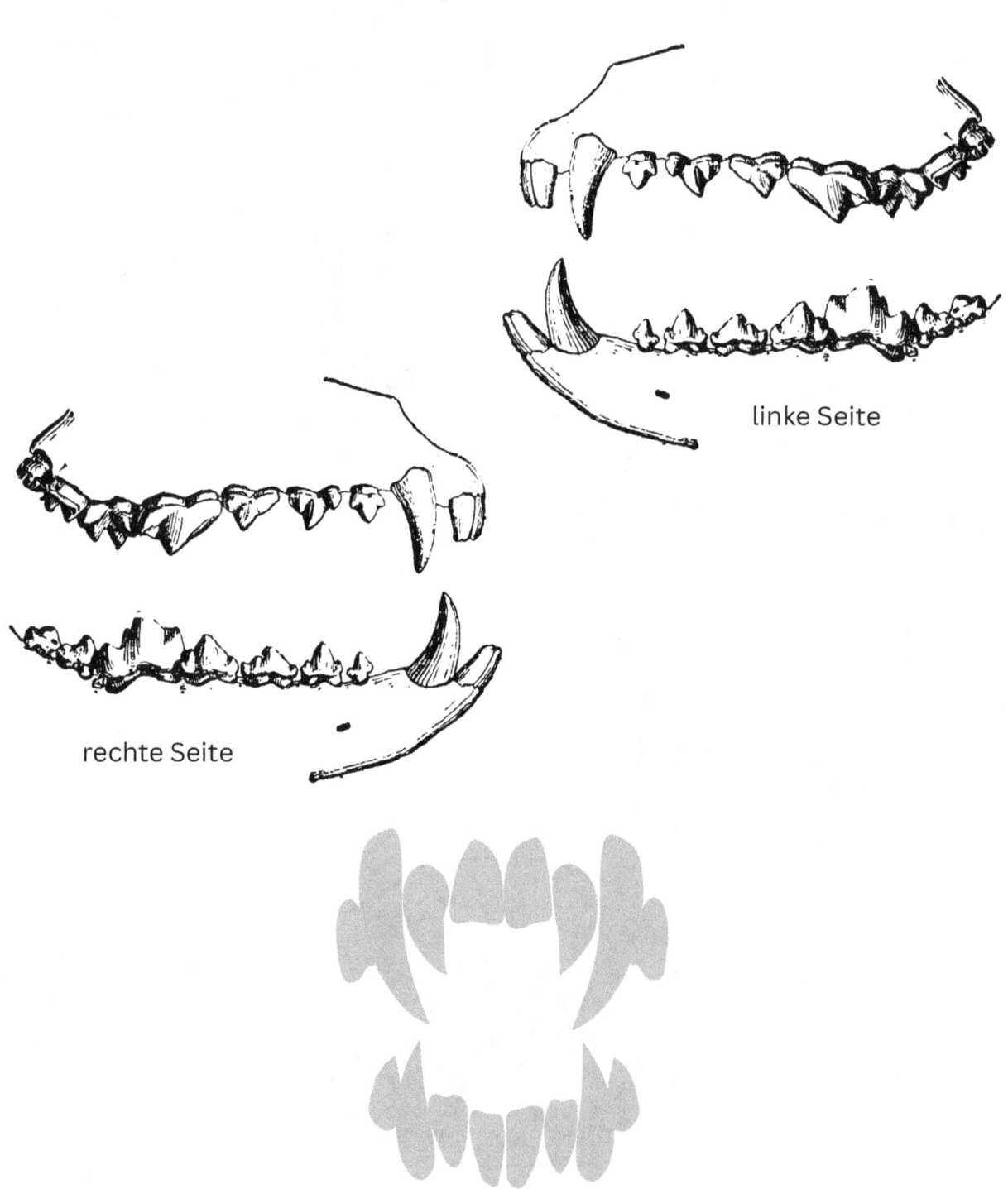

linke Seite

rechte Seite

Vorderansicht

Tierärztliche Dokumentation

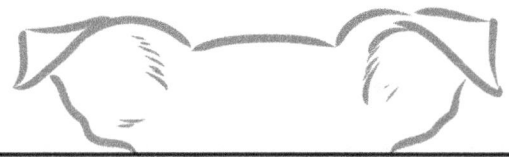

Kontakt Tierarzt	
Bekannte Erkrankungen oder Gendefekte, Ergebnisse genetischer Untersuchungen (ggf. als Anlage)	
Fortlaufende Therapien Ort der Therapiemaßnahme	
Medikamentenplan ggf. Kopie als Anlage	
Geplante Eingriffe oder potentielle Erkrankungen	
Eigene Eintragungen	
Anlagen	

Notfallkontakte und Vertrauenspersonen

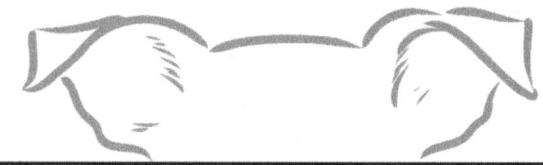

Notfallkontakt Name, Adresse, Telefon	
Vertrauensperson Name, Adresse, Telefon	
Hauptbetreuer Name, Adresse, Telefon	
Ersatzbetreuer Name, Adresse, Telefon	
Im Notfall oder bei Übernahme zu kontaktieren (Trainer, Züchter, Tasso, ...)	
Eigene Eintragungen	

Besondere Bedürfnisse und Favoriten meines Hundes

Beste Hundefreunde	
Lieblingsplätze	
Lieblingsmenschen	
Spezielle Bedürfnisse	
Eigene Eintragungen	

Rechtliches, Versicherungen und Steuer

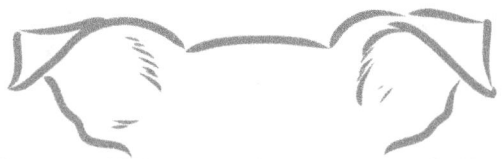

Gefährlicher Hund ja/ nein	
Maulkorb- und/oder Leinenpflicht ja/ nein	
Beschlossen von (Behörde) am	
Steuernummer bei Stadt (Name)	
Haftpflicht: Versicherungsnummer bei Versicherung (Name)	
Haftpflicht: Versicherungsnummer bei Vorversicherung (Name) falls vorhanden	
Haftpflicht: Regulierte Vorschäden ja/ nein, Höhe	
Tierkrankenversicherung: Versicherungsnummer bei (Name)	
Tierkrankenversicherung: inkl. OP ja/ nein	
Tierkrankenversicherung: Selbstbeteiligung ja/ nein (Höhe)	
Kopien beigefügt ja / nein	
Eigene Eintragungen	

Pflege und Versorgung

Futter	
Art des Futters (Dose, BARF, Marke)	
Fütterungsintervall	
Besonderheiten (Allergie, Überfressen, Anti-Schling-Napf)	
Besondere Vorlieben und Abneigungen	
Lieblingsleckerlies und Snacks	
Eigene Eintragungen	
Fell- und Krallenpflege	
Regelmäßiges Grooming bei (Hundefriseur)	
Favorisierte Bürsten, Kämmen, Shampoo und Pflegeprodukte	
Produktunverträglichkeiten	
Besonderheiten	
Krallenpflege ja/ nein durch (Name)	
Parasitenprophylaxe ja/ nein mit (Produkt)	
Eigene Eintragungen	

Meine Moral- und Wertevorstellungen
zur Einschätzung der Lebensqualität meines Hundes

Ich halte eine Abwesenheit von 8 und mehr Stunden pro Tag für vertretbar: ja, nein, zeitweise, eigene Antwort	
Ich befürworte die (unter Umständen) dauerhafte Verwendung von Medikamenten mit dem Wirkstoff Bedinvetmab zur Lebensverlängerung/ evtl. Erhöhung der Lebensqualität meines Hundes ja, nein, eigene Antwort	
Eine Kastration/ Sterilisation meines intakten Hundes kommt für mich in Frage: ja, nein, nur aus medizinischer Notwendigkeit, eigene Antwort	
Ich schließe meinen Hund aus der Zucht aus: ja, nein, nein, sofern erforderliche Zulassungen und negative Gentests vorliegen, eigene Angaben	
Ich schließe die Weitergabe oder Überlassung meines Hundes an Institutionen oder Labore zu Zwecken von Tierversuchen aus: ja, nein, eigene Angabe	
Ich befürworte die Überlassung meines verstorbenen Hundes an die Albert-Heim-Stiftung der Schweizerischen Kynologischen Gesellschaft mit Sitz im Naturhistorischen Museum in Bern, um die kynologische Forschung und Sammlung weltweiter Rassehunde zu unterstützen: ja, nein, eigene Antwort	
Flug- und Busreisen, bei denen mein Hund im Laderaum verfrachtet wird, lehne ich ab: ja, nein, eigene Antwort	
Die Amputation von Gliedmaßen meines Hundes zu Zwecken der Lebensverlängerung lehne ich ab: ja, nein, eigene Antwort	
Mit dem Einsatz von Implantaten und ähnlichen orthopädischen oder dentalrelevanten Eingriffen bei meinem Hund bin ich einverstanden: ja, nein, eigene Antwort	
Mit der Euthanasie meines Hundes aufgrund unkontrollierbarer Verhaltensmuster bin ich einverstanden: ja, nein	
Ich bin damit einverstanden, dass mein Hund zu Ausbildungszwecken zeitweise in die Hände Dritter gegeben wird: ja, nein, eigene Angabe	
Ich bin damit einverstanden, dass mein Hund zu Zuchtzwecken zeitweise in die Obhut Dritter gegeben wird: ja, nein, eigene Angabe	
Ich bin damit einverstanden, dass mein Hund zeitweise in einer Hundetagesstätte oder ähnlicher Einrichtung untergebracht wird: ja, nein, eigene Angabe	
Ich befürworte die weitere Ausbildung und Prüfung meines (Arbeits- und Gebrauchs)hundes: ja, nein, eigene Angabe	
Ich befürworte die Teilnahme meines Hundes an Hundeausstellungen und Rasseshows: ja, nein, eigene Angabe	
Ich bin damit einverstanden, dass mein Hund von Amts wegen untergebracht wird, sollte sich nach meinem Ableben keine betreuende Vertrauensperson finden: ja / nein	
Ich bin damit einverstanden, dass die betreuende Person meines Hundes eine andere Betreuung nach eigenem Ermessen auswählt: ja / nein	
Eine Weitergabe meines Hundes schließe ich aus: ja / nein	
Sofern möglich soll mein Hund die Gelegenheit erhalten, von mir Abschied zu nehmen: ja / nein	
Ich befürworte notwendige Impfungen und Grundimmunisierungen: ja, nein, eigene Angaben	

Abschied und Erinnerung

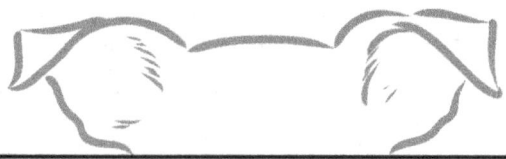

Mein Hund soll auf diese Weise bestattet werden: eigene Angabe	
Mein Hund soll der Kynologischen Sammlung in Bern zugeführt werden: ja, nein, eigene Angabe	
Die Euthanasie meines Hundes unterliegt der Verantwortung des Hauptbetreuers, bzw. des Ersatzbetreuers, sofern medizinische Gründe vorliegen, die die Lebensqualität meines Hundes stark beeinträchtigen und um dauerhaftes Leiden zu verhindern: ja, nein	
Ich möchte, dass diese Erinnerung an meinen Hund nach dessen Ableben erhalten wird: keine, nach Ermessen des Betreuers, eigene Angabe	
Eigene Angaben	

Finanzielle Mittel

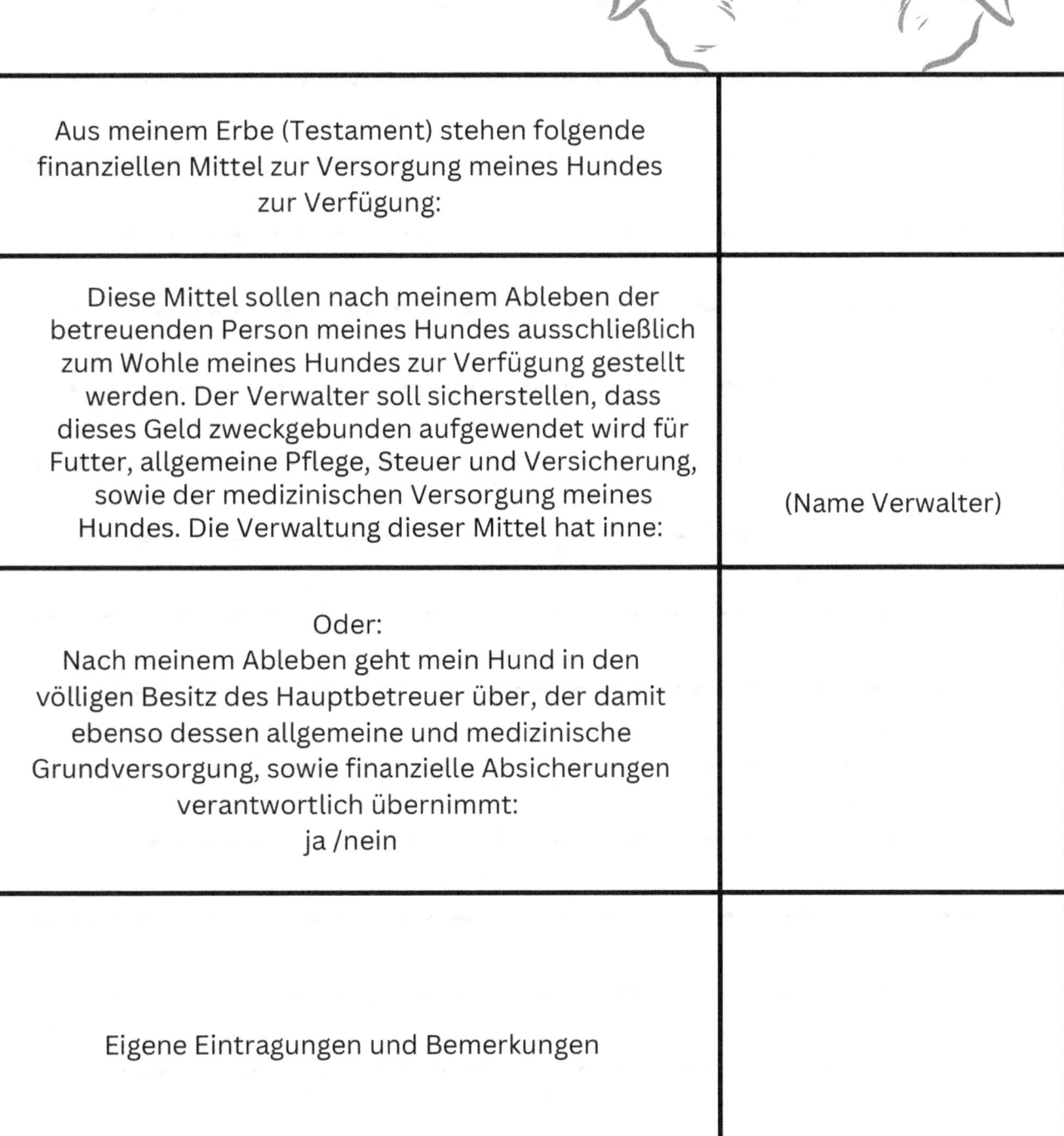

Aus meinem Erbe (Testament) stehen folgende finanziellen Mittel zur Versorgung meines Hundes zur Verfügung:	
Diese Mittel sollen nach meinem Ableben der betreuenden Person meines Hundes ausschließlich zum Wohle meines Hundes zur Verfügung gestellt werden. Der Verwalter soll sicherstellen, dass dieses Geld zweckgebunden aufgewendet wird für Futter, allgemeine Pflege, Steuer und Versicherung, sowie der medizinischen Versorgung meines Hundes. Die Verwaltung dieser Mittel hat inne:	(Name Verwalter)
Oder: Nach meinem Ableben geht mein Hund in den völligen Besitz des Hauptbetreuer über, der damit ebenso dessen allgemeine und medizinische Grundversorgung, sowie finanzielle Absicherungen verantwortlich übernimmt: ja /nein	
Eigene Eintragungen und Bemerkungen	

Persönliche Worte und Dank

_____

_____

_____

_____

_____

_____

_____

_____

_____

_____

_____

_____

_____

_____

_____

Betreuungsverfügung
Ausfertigung Hauptbetreuer

Ich möchte, dass im Falle meiner Abwesenheit oder meines Ablebens mein Hund

_____

(Name des Hundes),
geboren am

_____

(Geburtsdatum des Hundes),

_____

(Chipnummer des Hundes),

_____

(Rasse)

hauptverantwortlich von dem von mir benannten
Hauptbetreuer _____ (Name) betreut wird und dieser
Entscheidungen über dessen Wohl und Verbleib gemäß meinen Vorstellungen
dieser Verfügung treffen soll, da mein Hund und ich dieser Person vertrauen.

Für den Fall, dass der Hauptbetreuer verhindert sein sollte, auf Zeit oder auf
Dauer, bitte ich den von mir benannten
Ersatzbetreuer _____ (Name), die eben genannte
Verantwortung zu übernehmen, auf Zeit oder auf Dauer.

Sollte kein Betreuer gefunden werden, erkläre ich mich damit einverstanden,
dass mein Hund in einer anderen Institution untergebracht wird:
_____ (ja /nein)

Eigene Angaben:
_____
_____
_____
_____

_____
Ort, Datum, Unterschrift des Tierbesitzers

_____
Ort, Datum, Unterschrift des Hauptbetreuers

_____
Ort, Datum, Unterschrift des Ersatzbetreuers

Generalvollmacht

Hiermit erteile ich

_____
(Dein vollständiger Name)
geboren am

_____in_____
(Geburtsdatum, geboren in),
wohnhaft in

_____
(Adresse),
dem von mir ernannten Hauptbetreuer

_____
(Name des Hauptbetreuers),
geboren am

_____in_____
(Geburtsdatum, geboren in),
wohnhaft in

_____
(Adresse),

die Vollmacht, in meinem Namen und mit voller rechtlicher Bindung sämtliche Angelegenheiten im Zusammenhang mit meinem Hund

_____Chip: _____
(Name des Hundes), Chipnummer,
geboren am
_____
 (Geburtsdatum des Hundes),

_____
(Rasse),

zu regeln.

Diese Vollmacht umfasst insbesondere folgende Befugnisse:

Meldung bei der Steuerbehörde:
Den Hund bei der zuständigen Steuerbehörde um- oder abzumelden.

Tierarztbesuche und medizinische Entscheidungen:
Den Hund bei jedem Tierarzt vorzustellen und alle notwendigen Behandlungen und Eingriffe
gemäß der Haustierverfügung und den Empfehlungen des Tierarztes zu veranlassen.
Über sämtliche medizinischen Maßnahmen und Eingriffe zu entscheiden, einschließlich
Notfallbehandlungen, Operationen und regelmäßigen Vorsorgeuntersuchungen.

Ummeldung des Hundes:
Den Hund auf sich selbst oder eine andere geeignete Person umzumelden.

Versicherungen:
Haftpflichtversicherungen und Tierkrankenversicherungen für den Hund abzuschließen,
zu ändern oder zu kündigen.
Alle notwendigen Maßnahmen zur Sicherstellung des Versicherungsschutzes zu ergreifen,
einschließlich der Zahlung von Versicherungsbeiträgen aus den dafür vorgesehenen finanziellen Mitteln.

Diese Vollmacht tritt mit dem Zeitpunkt meiner Geschäftsunfähigkeit oder meinem Tod in Kraft und bleibt solange gültig, bis sie widerrufen wird oder die hierin benannte Person schriftlich erklärt, die Vollmacht nicht mehr ausüben zu wollen.

_____
Ort, Datum, Unterschrift

Diese Generalvollmacht kann nach Bedarf angepasst und bei einem Notar beglaubigt werden,
um ihre rechtliche Wirksamkeit zu stärken.

Über meinen Hund

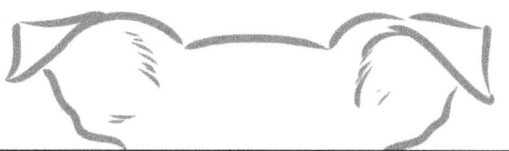

Rufname Eingetragener Geburtsname Zwingername	
Geschlecht (kastriert/ sterilisiert)	
Rasse (soweit bekannt)	
Geburtsdatum (soweit bekannt)	
Farbe	
Chipnummer, Tättoonummer	
Platzierung der Erkennung (li / re Ohr, Zunge, li / re Halsseite)	
EU-Ausweis ja / nein	
EU-Ausweis Nummer	
Registrierte Portale Tasso, etc.	
Registrierte Nummer im Portal	
Workingdog Profil (falls vorhanden)	
Andere Rasseprofile (Name)	
Zuchtbuch und Nummer (falls vorhanden)	
Prüfungen und Zulassungen	
Eigene Eintragungen	

Besondere Merkmale - Aussehen - Verhalten

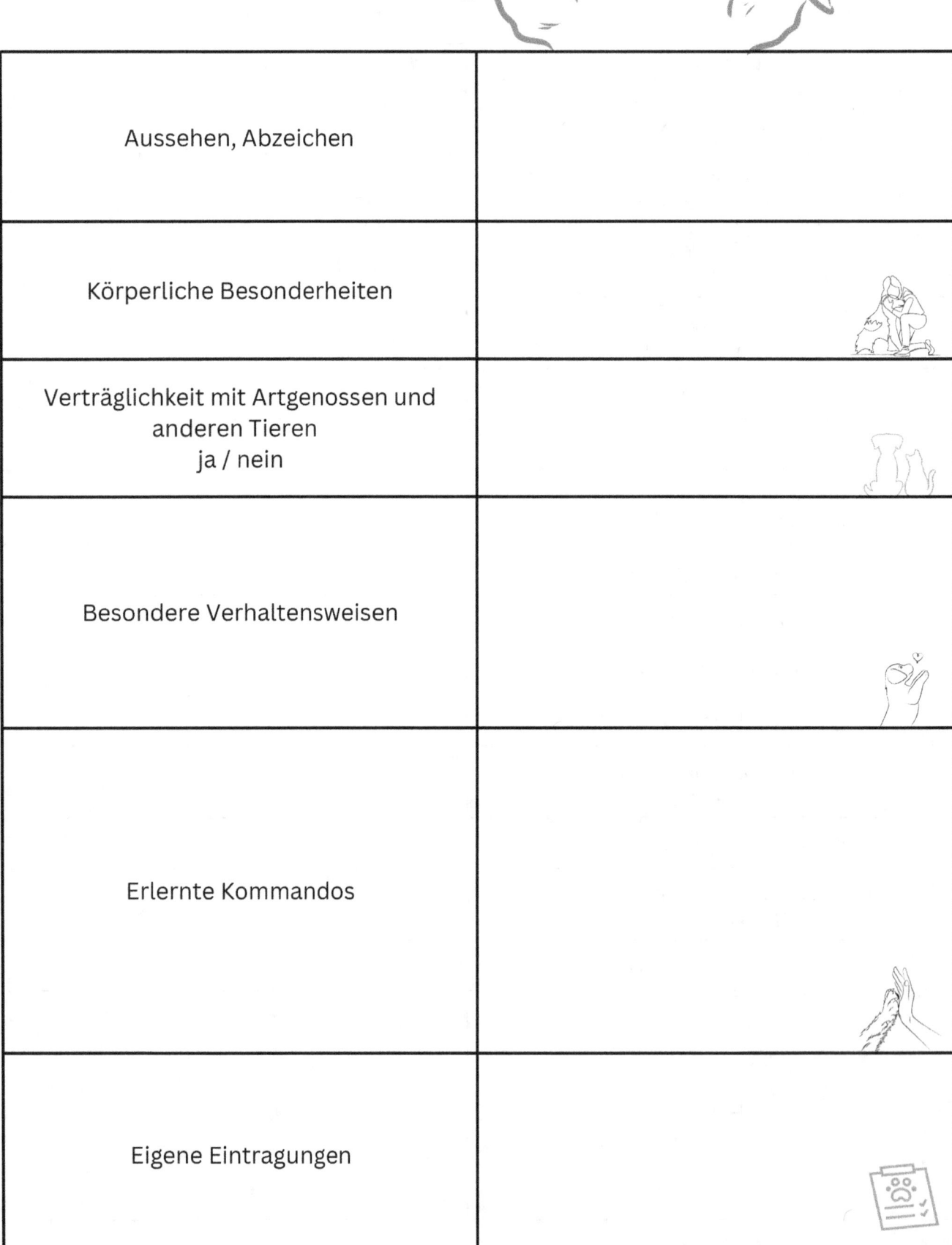

Aussehen, Abzeichen	
Körperliche Besonderheiten	
Verträglichkeit mit Artgenossen und anderen Tieren ja / nein	
Besondere Verhaltensweisen	
Erlernte Kommandos	
Eigene Eintragungen	

Besondere Merkmale und Abzeichen

Trage hier Flecken, Blessen, Narben oder ähnliches ein. Dazu kannst du die betreffende Stelle einkreisen oder anmalen und eine Notiz dazu schreiben oder allgemein eigene Angaben machen.

linke Seite

rechte Seite

Vorderansicht

37

Besondere Merkmale und Abzeichen
Zahnstatus

Trage hier den Zahnstatus deines Hundes ein, wenn dir Besonderheiten bekannt sind. Dazu kannst du den betreffenden Zahn einkreisen und eine Notiz dazu schreiben oder allgemein eigene Angaben machen.

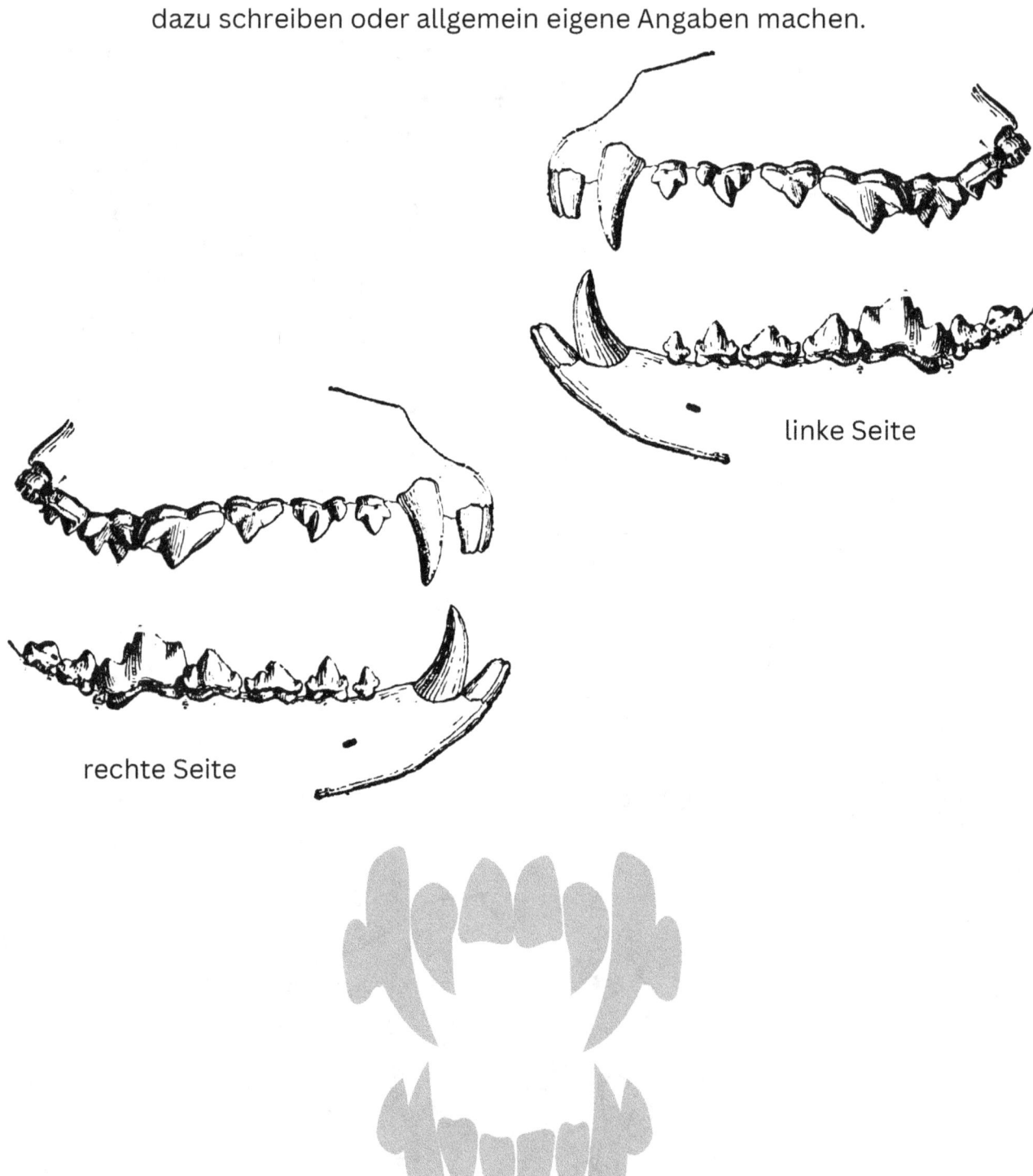

linke Seite

rechte Seite

Vorderansicht

Tierärztliche Dokumentation

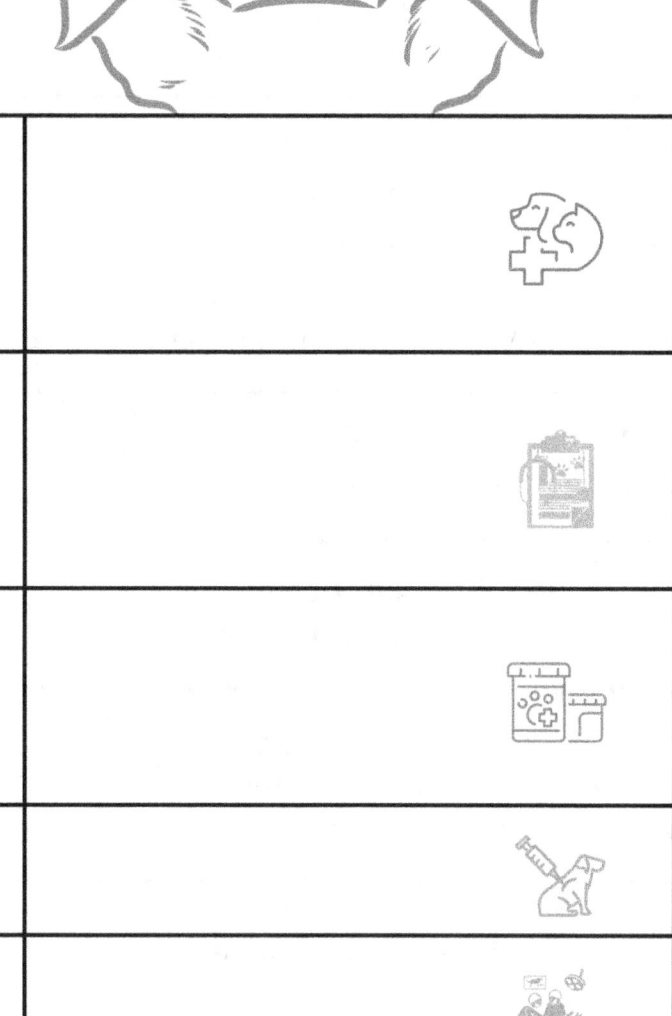

Kontakt Tierarzt	
Bekannte Erkrankungen oder Gendefekte, Ergebnisse genetischer Untersuchungen (ggf. als Anlage)	
Fortlaufende Therapien Ort der Therapiemaßnahme	
Medikamentenplan ggf. Kopie als Anlage	
Geplante Eingriffe oder potentielle Erkrankungen	
Eigene Eintragungen	
Anlagen	

Notfallkontakte und Vertrauenspersonen

Notfallkontakt Name, Adresse, Telefon	
Vertrauensperson Name, Adresse, Telefon	
Hauptbetreuer Name, Adresse, Telefon	
Ersatzbetreuer Name, Adresse, Telefon	
Im Notfall oder bei Übernahme zu kontaktieren (Trainer, Züchter, Tasso, …)	
Eigene Eintragungen	

Besondere Bedürfnisse und Favoriten meines Hundes

Beste Hundefreunde	
Lieblingsplätze	
Lieblingsmenschen	
Spezielle Bedürfnisse	
Eigene Eintragungen	

Rechtliches, Versicherungen und Steuer

Gefährlicher Hund ja/ nein	
Maulkorb- und/oder Leinenpflicht ja/ nein	
Beschlossen von (Behörde) am	
Steuernummer bei Stadt (Name)	
Haftpflicht: Versicherungsnummer bei Versicherung (Name)	
Haftpflicht: Versicherungsnummer bei Vorversicherung (Name) falls vorhanden	
Haftpflicht: Regulierte Vorschäden ja/ nein, Höhe	
Tierkrankenversicherung: Versicherungsnummer bei (Name)	
Tierkrankenversicherung: inkl. OP ja/ nein	
Tierkrankenversicherung: Selbstbeteiligung ja/ nein (Höhe)	
Kopien beigefügt ja / nein	
Eigene Eintragungen	

Pflege und Versorgung

Futter	
Art des Futters (Dose, BARF, Marke)	
Fütterungsintervall	
Besonderheiten (Allergie, Überfressen, Anti-Schling-Napf)	
Besondere Vorlieben und Abneigungen	
Lieblingsleckerlies und Snacks	
Eigene Eintragungen	
Fell- und Krallenpflege	
Regelmäßiges Grooming bei (Hundefriseur)	
Favorisierte Bürsten, Kämmen, Shampoo und Pflegeprodukte	
Produktunverträglichkeiten	
Besonderheiten	
Krallenpflege ja/ nein durch (Name)	
Parasitenprophylaxe ja/ nein mit (Produkt)	
Eigene Eintragungen	

Meine Moral- und Wertevorstellungen
zur Einschätzung der Lebensqualität meines Hundes

Ich halte eine Abwesenheit von 8 und mehr Stunden pro Tag für vertretbar: ja, nein, zeitweise, eigene Antwort	
Ich befürworte die (unter Umständen) dauerhafte Verwendung von Medikamenten mit dem Wirkstoff Bedinvetmab zur Lebensverlängerung/ evtl. Erhöhung der Lebensqualität meines Hundes ja, nein, eigene Antwort	
Eine Kastration/ Sterilisation meines intakten Hundes kommt für mich in Frage: ja, nein, nur aus medizinischer Notwendigkeit, eigene Antwort	
Ich schließe meinen Hund aus der Zucht aus: ja, nein, nein, sofern erforderliche Zulassungen und negative Gentests vorliegen, eigene Angaben	
Ich schließe die Weitergabe oder Überlassung meines Hundes an Institutionen oder Labore zu Zwecken von Tierversuchen aus: ja, nein, eigene Angabe	
Ich befürworte die Überlassung meines verstorbenen Hundes an die Albert-Heim-Stiftung der Schweizerischen Kynologischen Gesellschaft mit Sitz im Naturhistorischen Museum in Bern, um die kynologische Forschung und Sammlung weltweiter Rassehunde zu unterstützen: ja, nein, eigene Antwort	
Flug- und Busreisen, bei denen mein Hund im Laderaum verfrachtet wird, lehne ich ab: ja, nein, eigene Antwort	
Die Amputation von Gliedmaßen meines Hundes zu Zwecken der Lebensverlängerung lehne ich ab: ja, nein, eigene Antwort	
Mit dem Einsatz von Implantaten und ähnlichen orthopädischen oder dentalrelevanten Eingriffen bei meinem Hund bin ich einverstanden: ja, nein, eigene Antwort	
Mit der Euthanasie meines Hundes aufgrund unkontrollierbarer Verhaltensmuster bin ich einverstanden: ja, nein	
Ich bin damit einverstanden, dass mein Hund zu Ausbildungszwecken zeitweise in die Hände Dritter gegeben wird: ja, nein, eigene Angabe	
Ich bin damit einverstanden, dass mein Hund zu Zuchtzwecken zeitweise in die Obhut Dritter gegeben wird: ja, nein, eigene Angabe	
Ich bin damit einverstanden, dass mein Hund zeitweise in einer Hundetagesstätte oder ähnlicher Einrichtung untergebracht wird: ja, nein, eigene Angabe	
Ich befürworte die weitere Ausbildung und Prüfung meines (Arbeits- und Gebrauchs)hundes: ja, nein, eigene Angabe	
Ich befürworte die Teilnahme meines Hundes an Hundeausstellungen und Rasseshows: ja, nein, eigene Angabe	
Ich bin damit einverstanden, dass mein Hund von Amts wegen untergebracht wird, sollte sich nach meinem Ableben keine betreuende Vertrauensperson finden: ja / nein	
Ich bin damit einverstanden, dass die betreuende Person meines Hundes eine andere Betreuung nach eigenem Ermessen auswählt: ja / nein	
Eine Weitergabe meines Hundes schließe ich aus: ja / nein	
Sofern möglich soll mein Hund die Gelegenheit erhalten, von mir Abschied zu nehmen: ja / nein	
Ich befürworte notwendige Impfungen und Grundimmunisierungen: ja, nein, eigene Angaben	

Abschied und Erinnerung

Mein Hund soll auf diese Weise bestattet werden: eigene Angabe	
Mein Hund soll der Kynologischen Sammlung in Bern zugeführt werden: ja, nein, eigene Angabe	
Die Euthanasie meines Hundes unterliegt der Verantwortung des Hauptbetreuers, bzw. des Ersatzbetreuers, sofern medizinische Gründe vorliegen, die die Lebensqualität meines Hundes stark beeinträchtigen und um dauerhaftes Leiden zu verhindern: ja, nein	
Ich möchte, dass diese Erinnerung an meinen Hund nach dessen Ableben erhalten wird: keine, nach Ermessen des Betreuers, eigene Angabe	
Eigene Angaben	

Finanzielle Mittel

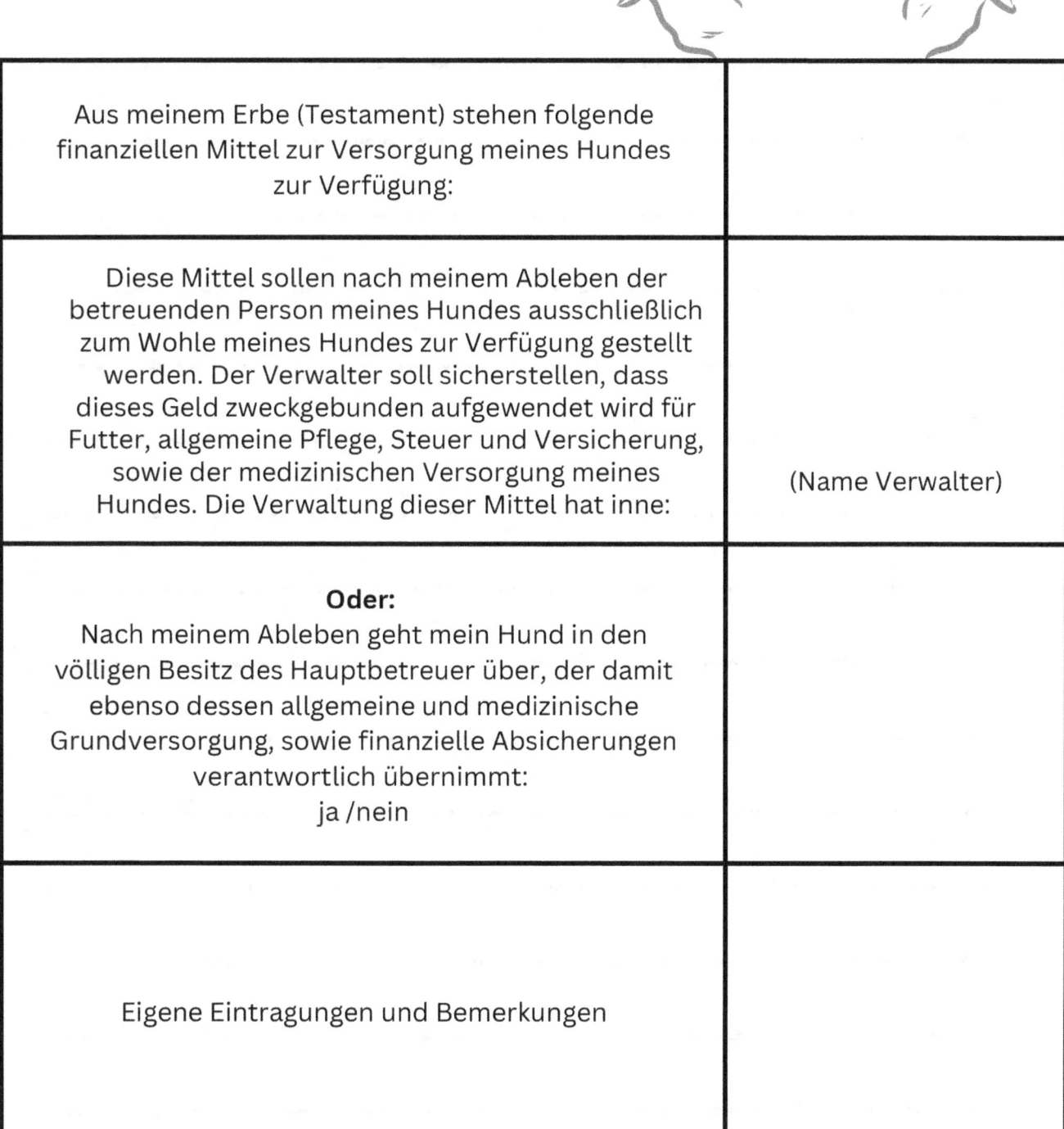

Aus meinem Erbe (Testament) stehen folgende finanziellen Mittel zur Versorgung meines Hundes zur Verfügung:	
Diese Mittel sollen nach meinem Ableben der betreuenden Person meines Hundes ausschließlich zum Wohle meines Hundes zur Verfügung gestellt werden. Der Verwalter soll sicherstellen, dass dieses Geld zweckgebunden aufgewendet wird für Futter, allgemeine Pflege, Steuer und Versicherung, sowie der medizinischen Versorgung meines Hundes. Die Verwaltung dieser Mittel hat inne:	(Name Verwalter)
Oder: Nach meinem Ableben geht mein Hund in den völligen Besitz des Hauptbetreuer über, der damit ebenso dessen allgemeine und medizinische Grundversorgung, sowie finanzielle Absicherungen verantwortlich übernimmt: ja /nein	
Eigene Eintragungen und Bemerkungen	

Persönliche Worte und Dank

Betreuungsverfügung
Ausfertigung Ersatzbetreuer

Ich möchte, dass im Falle meiner Abwesenheit oder meines Ablebens mein Hund

_____

(Name des Hundes),
geboren am

_____

(Geburtsdatum des Hundes),

_____

(Chipnummer des Hundes),

_____

(Rasse)

hauptverantwortlich von dem von mir benannten
Hauptbetreuer _____ (Name) betreut wird und dieser Entscheidungen über dessen Wohl und Verbleib gemäß meinen Vorstellungen dieser Verfügung treffen soll, da mein Hund und ich dieser Person vertrauen.

Für den Fall, dass der Hauptbetreuer verhindert sein sollte, auf Zeit oder auf Dauer, bitte ich den von mir benannten
Ersatzbetreuer _____ (Name), die eben genannte Verantwortung zu übernehmen, auf Zeit oder auf Dauer.

Sollte kein Betreuer gefunden werden, erkläre ich mich damit einverstanden, dass mein Hund in einer anderen Institution untergebracht wird:
_____ (ja /nein)

Eigene Angaben:

_____

_____

_____

_____

_____

Ort, Datum, Unterschrift des Tierbesitzers

_____

Ort, Datum, Unterschrift des Hauptbetreuers

_____

Ort, Datum, Unterschrift des Ersatzbetreuers

Generalvollmacht

Hiermit erteile ich

_____
(Dein vollständiger Name)
geboren am

_____in_____
(Geburtsdatum, geboren in),
wohnhaft in

_____
(Adresse),
dem von mir ernannten Hauptbetreuer

_____
(Name des Hauptbetreuers),
geboren am

_____in_____
(Geburtsdatum, geboren in),
wohnhaft in

_____
(Adresse),

die Vollmacht, in meinem Namen und mit voller rechtlicher Bindung sämtliche Angelegenheiten im Zusammenhang mit meinem Hund

_____Chip: _____
(Name des Hundes), Chipnummer,
geboren am
_____
 (Geburtsdatum des Hundes),

_____
(Rasse),

zu regeln.

Diese Vollmacht umfasst insbesondere folgende Befugnisse:

Meldung bei der Steuerbehörde:
Den Hund bei der zuständigen Steuerbehörde um- oder abzumelden.

Tierarztbesuche und medizinische Entscheidungen:
Den Hund bei jedem Tierarzt vorzustellen und alle notwendigen Behandlungen und Eingriffe gemäß der Haustierverfügung und den Empfehlungen des Tierarztes zu veranlassen.
Über sämtliche medizinischen Maßnahmen und Eingriffe zu entscheiden, einschließlich Notfallbehandlungen, Operationen und regelmäßigen Vorsorgeuntersuchungen.

Ummeldung des Hundes:
Den Hund auf sich selbst oder eine andere geeignete Person umzumelden.

Versicherungen:
Haftpflichtversicherungen und Tierkrankenversicherungen für den Hund abzuschließen,
zu ändern oder zu kündigen.
Alle notwendigen Maßnahmen zur Sicherstellung des Versicherungsschutzes zu ergreifen,
einschließlich der Zahlung von Versicherungsbeiträgen aus den dafür vorgesehenen finanziellen Mitteln.

Diese Vollmacht tritt mit dem Zeitpunkt meiner Geschäftsunfähigkeit oder meinem Tod in Kraft und bleibt solange gültig, bis sie widerrufen wird oder die hierin benannte Person schriftlich erklärt, die Vollmacht nicht mehr ausüben zu wollen.

_____
Ort, Datum, Unterschrift

Diese Generalvollmacht kann nach Bedarf angepasst und bei einem Notar beglaubigt werden,
um ihre rechtliche Wirksamkeit zu stärken.

Ausfüllhinweise

Über meinen Hund

Damit dein Hund zweifelsfrei zugeordnet werden kann, solltet du diese Übersicht möglichst genau ausfüllen. Nicht zuletzt dient diese Übersicht auch dazu, später den „Lebenslauf" deiner Fellnase akkurat dem von dir benannten Betreuer mitzuteilen. Treffen Punkte nicht auf dich und deinen Hund zu, streiche sie deutlich, damit nicht der Eindruck entsteht, sie wären vergessen worden.

Besondere Merkmale – Verhalten – Aussehen

Abgesehen von einer eindeutigen Darstellung deines Hundes dient diese Übersicht auch dazu, dass deine Fellnase liebevoll gepflegt und gefördert werden kann. Das klappt am besten, wenn du hier sehr genau bist. Manchmal fallen einem die wichtigsten Dinge ein, wenn man nicht mehr vor dem Papier sitzt, laufe doch mal eine Runde Gassi und du wirst staunen, was dir noch alles auf dem Herzen liegt, das du eintragen möchtest.

Besondere Merkmale und Abzeichen

Trage hier Flecken, Blessen, Narben oder ähnliches ein. Dazu kannst du die betreffende Stelle einkreisen oder anmalen und eine Notiz dazu schreiben oder allgemein eigene Angaben machen. Du kannst auch Pfeile malen und beschriften. Falls dein Hund Liposome, Beulen, Tumore oder andere Veränderungen hat, kannst du sie hier ebenfalls einzeichnen.

Zahnstatus

Hier kannst du fehlende Zähne oder Zähne mit Problemen markieren. Falls du dazu Röntgenbilder vom Tierarzt bekommen hast oder andere schriftliche Belege, ist es sinnvoll, du fügst diese als Kopie mit an, damit dein Hund die bestmögliche Versorgung erhalten kann.

Tierärztliche Dokumentation

Hier solltest du ebenfalls sehr genaue Angaben machen, vor allem, wenn deine Fellnase dauerhafte Therapien erhält, unklare Diagnosen oder eindeutige Befunde erhalten hat oder auch wenn du beispielsweise über die Ergebnisse von Gentests oder DNA-Profile verfügst. Je genauer du hier bist, umso einfacher ist es in Zukunft, deinem Liebling eine genaue Behandlung zukommen zu lassen, falls er sie braucht.

Notfallkontakte und Vertrauensperson

Über diese Punkte wirst du voraussichtlich sehr viel und gründlich nachdenken. Das solltest du auch, denn immerhin triffst du eine sehr emotionale Entscheidung. Es kann sein, dass dich dieses Kapitel sehr aufwühlt. Nimm dir deine Zeit und bespreche dich mit den Personen, denen du die Verantwortung für deinen Hund zutraust. Bedenke, dass der Hauptbetreuer nicht zeitgleich der Ersatzbetreuer sein kann. Hingegen kann aber der Notfallkontakt gleichzeitig Betreuer aber auch Vertrauensperson sein. Es ist hilfreich und sinnvoll, wenn sich die betreuenden Personen bereits kennen und dein Hund sie ebenfalls präferiert.

Besondere Bedürfnisse und Favoriten meines Hundes

Hier kannst du die Favoriten deiner Fellnase eintragen, um ihm seinen potentiellen Neustart zu erleichtern.

Rechtliches, Versicherungen und Steuer

Bürokratische Angelegenheiten können häufig zu Hürden werden. Je genauer der Pate deines Hundes Bescheid weiß, wie und wo dein Liebling angemeldet oder versichert ist, umso einfacher machst du ihm diese Angelegenheiten. Auch behördliche Auflagen solltest du mit angeben, sofern für deinen Hund welche gelten, denn diese müssen auch in Zukunft eingehalten werden, sofern sie nicht aberkannt wurden oder werden. Je nach Hunderasse und Bundesland gelten außerdem gesonderte rechtliche Auflagen, die du unter Umständen mit eintragen solltest. Wenn du Kopien der entsprechenden Verträge als Anlage zur Verfügung stellst, erleichterst du den späteren Behörden- und Versicherungsvorgang enorm.

Pflege und Versorgung

Es gibt selten einen Hund, der ist wie der andere und wenn wir ehrlich sind ist das auch gut so. Damit dein Liebling einen möglichst einfachen Übergang hat und seine gewohnten Routinen beibehalten kann, kannst du hier Angaben dazu machen.

Meine Moral- und Wertevorstellungen

Du magst denken, es handelt sich um sehr merkwürdige Fragen. Hier wurden Fragen zusammengefasst, die häufig unter Hundehaltern für Zweifel oder Aufregung sorgen, weswegen du hier die Gelegenheit hast, sie für dich zu beantworten. Nicht zuletzt dienen deine Antworten dem Betreuer deines Hundes dazu, bessere Entscheidungen in deinem Sinn für deine Fellnase zu treffen. Medikamente mit dem genannten Wirkstoff werden unter Hundehaltern mit arthritischen Hunden derzeit kontrovers diskutiert, weswegen dir diese Frage gestellt wurde, ich empfehle dir seriöse und unabhängige Quellen wie staatliche Institutionen auch im Hinblick der Nebenwirkungen darüber zu Rate zu ziehen.

Die Albert-Heim-Stiftung unterstützt die wissenschaftliche Forschung auf dem Gebiet der Kynologie. Sie leistet damit einen wesentlichen Beitrag zur Erhaltung und Förderung gesunder Rassehunde sowie zu einer harmonischen Mensch-Hund-Beziehung. In Deutschland ist diese Stiftung relativ unbekannt, weswegen ich darauf aufmerksam machen möchte. In Frage kommen Rassehunde, du kannst dich auf www.albert-heim-stiftung.ch darüber informieren.

Hunde sind nicht nur äußerst sozial, sie denken auch in sehr verknüpften Mustern. Daher kannst du ihm einen Abschluss erleichtern, wenn er die Möglichkeit hat, von dir Abschied zu nehmen. Bedenke allerdings, dass sehr feinfühlige Hunde durchaus ein Gefühlskarussell durchlaufen und Angst bekommen können, andere „akzeptieren" die Tatsache, wenn sie damit konfrontiert werden und reagieren beinahe schon gleichgültig. Der von dir benannte Betreuer sollte selbst sehr gelassen sein, wenn er deinen Hund von dir Abschied nehmen lässt.

Abschied und Erinnerung

Vielleicht hast du dir bereits Gedanken darüber gemacht, wie deine Fellnase eines Tages über die Regenbogenbrücke gehen soll und wie du sie bestatten willst. Vielleicht möchtest du diese Entscheidung aber auch dem Paten deines Lieblings überlassen: hier kannst du das eintragen.

Finanzielle Mittel

Finanzen sind immer so eine Sache, wenn es um die Übernahme eines Haustieres geht. Vielleicht hast du dir darüber schon Gedanken gemacht oder fängst jetzt damit an. In diesem Kapitel kannst du deine Vorbereitungen und Entscheidungen kund tun, empfehlenswert ist es auf jeden Fall, du hast diesen Punkt mit den Betreuern deiner Fellnase durchgesprochen.

Persönliche Worte und Dank

Auf dieser Seite kannst du persönliche Worte an den Empfänger der Haustierverfügung deines Lieblings wenden, dich bedanken oder auch bestimmte Wünsche vortragen. Vielleicht möchtest du aber auch an gemeinsame Erlebnisse erinnern. Was immer du schreibst- du darfst alles sagen, was dir auf dem Herzen liegt, denn es ist deine Fellnase und seine Zukunft.

Betreuungsverfügung

Hier geht´s ans Eingemachte. Hier trägst du deine von dir ernannten Betreuer ein und lässt dir gegenzeichnen, dass diese Personen damit einverstanden sind, diese große Verantwortung zu übernehmen. Bedenke, dass es hiervon drei Ausfertigungen gibt, die es zu unterschreiben gilt und du dem jeweiligen Betreuer eine Ausfertigung aushändigst.

Generalvollmacht

Die Generalvollmacht erlaubt es deinem Hauptbetreuer, steuer-, sowie versicherungsrelevante und tiermedizinische Handlungen vorzunehmen und Entscheidungen zu treffen. Wenn du auf Nummer sicher gehen willst, solltet du diese notariell beglaubigen lassen.

Notfallausweis

Die wenigsten Dinge im Leben verlaufen nach Plan und einige Erfahrungen müssen wir leider machen, die unvorhergesehen und absolut unplanbar sind. Mit dem Notfallausweis kannst du zumindest für das Wohlergehen deiner Fellnase vorsorgen.

Gespräche mit Freunden im Rettungsdienst haben ergeben, dass bei einem (Auto)unfall grundsätzlich nach deiner Krankenversichertenkarte Ausschau gehalten wird. Und hier ist auch der ideale Platz für deinen Notfallausweis, denn dieser wird sichtbar, sobald deine Karte aus dem Geldbeutel gezogen wird. Auf diese Weise kannst du außerdem dazu beitragen, dass dein Hund schnellstmöglich versorgt wird, sollte dir etwas zugestoßen sein.

Trage die fehlenden Daten ein und schneide den Ausweis aus, knicke ihn in der Mitte und klebe ihn zusammen. Zur Stabilisierung kannst du ihn vorher auch auf einer festeren Pappe fixieren und erst dann zusammen kleben. Ich empfehle dir, den Ausweis außerdem zu laminieren.

Natürlich solltest du deinen Notfallkontakt darüber in Kenntnis setzen, dass du einen Notfallausweis besitzt. Damit du den Ausweis nicht irgendwo vergisst, kannst du mehrere verwenden.

Notfallkontakt: _____

Telefon: _____

Hundename: _____

Chipnummer: _____

Tierarzt: _____

Dieser Notfallausweis ist Teil meiner Haustierverfügung

Notfallausweis

Retten Sie meinen Hund!

Falls ich nicht mehr ansprechbar bin, kontaktieren Sie bitte umgehend den umseitig angegebenen Notfallkontakt, damit mein Hund nicht leiden muss.

Danke!

Notfallkontakt: _____

Telefon: _____

Hundename: _____

Chipnummer: _____

Tierarzt: _____

Dieser Notfallausweis ist Teil meiner Haustierverfügung

Notfallausweis

Retten Sie meinen Hund!

Falls ich nicht mehr ansprechbar bin, kontaktieren Sie bitte umgehend den umseitig angegebenen Notfallkontakt, damit mein Hund nicht leiden muss.

Danke!

Notfallkontakt: _____

Telefon: _____

Hundename: _____

Chipnummer: _____

Tierarzt: _____

Dieser Notfallausweis ist Teil meiner Haustierverfügung

Notfallausweis

Retten Sie meinen Hund!

Falls ich nicht mehr ansprechbar bin, kontaktieren Sie bitte umgehend den umseitig angegebenen Notfallkontakt, damit mein Hund nicht leiden muss.

Danke!

Notfallkontakt: _____

Telefon: _____

Hundename: _____

Chipnummer: _____

Tierarzt: _____

Dieser Notfallausweis ist Teil meiner Haustierverfügung

Notfallausweis

Retten Sie meinen Hund!

Falls ich nicht mehr ansprechbar bin, kontaktieren Sie bitte umgehend den umseitig angegebenen Notfallkontakt, damit mein Hund nicht leiden muss.

Danke!

Notfallkontakt: _____

Telefon: _____

Hundename: _____

Chipnummer: _____

Tierarzt: _____

Dieser Notfallausweis ist Teil meiner Haustierverfügung

Notfallausweis

Retten Sie meinen Hund!

Falls ich nicht mehr ansprechbar bin, kontaktieren Sie bitte umgehend den umseitig angegebenen Notfallkontakt, damit mein Hund nicht leiden muss.

Danke!

Notfallkontakt: _____

Telefon: _____

Hundename: _____

Chipnummer: _____

Tierarzt: _____

Dieser Notfallausweis ist Teil meiner Haustierverfügung

Notfallausweis

Retten Sie meinen Hund!

Falls ich nicht mehr ansprechbar bin, kontaktieren Sie bitte umgehend den umseitig angegebenen Notfallkontakt, damit mein Hund nicht leiden muss.

Danke!

Über die Autorin

Lou Herfurth, geboren 1985 in Bensberg, lebt in Karlsruhe mit Hund und Piratenkater. Als angesehene Fachautorin der Heim- und nutztierbranche schreibt sie seit 2012 für führende deutsche Aquaristikmagazine und den Zentralzoologischen Anzeiger.

Lou züchtet vom Aussterben bedrohte Aquarientiere und Wachteln. Sie liebt weltweite Bergausflüge und Mikroabenteuer mit ihrem Hund Joker.

Ihre Artikel inspirieren und informieren, während sie den Fokus auf den Schutz und die Vielfalt unserer heimischen Tierwelt legt.

Weitere Bücher von Lou Herfurth

Wilma Wachtel Brutfibel
Wilma Wachtel, die Kükenbrüt-Expertin, enthüllt Geheimnisse des Erfolgs. In diesem Buch: Bruttagebuch, Tipps, Meldepflichten, alles für deinen Zuchterfolg mit japanischen Legewachteln!

- 60 Seiten
- Format: Sachbuch 135x205 Ringbindung 90g weiß, matt
- Erscheinungsdatum: 23.10.2023
- ISBN: 9783758417542
- Sprache: Deutsch

Tauche ein in die kulinarische Welt von Wilma Wachtel und entdecke feine Köstlichkeiten, mit denen du deine Freunde begeisterst! In **„Feiner Küchenzauber"** nimmt dich die liebenswerte gefiederte Meisterköchin mit auf eine verlockende Reise, bei der ihre zarten und delikaten Wachteleier die unangefochtene Hauptrolle spielen.

- 22 Seiten
- Format: A5 hoch Ringbindung 90g weiß, matt
- Erscheinungsdatum: 21.11.2023
- ISBN: 9783758432019
- Sprache: Deutsch

Wilma Wachtels Almanach
Bestandsregister, Legeliste, Bruttagebuch, Wachtelapotheke und noch mehr: Willkommen Wilmas Welt! Mit ihrem Almanach gehört verflixt und verwachtelt der Vergangenheit an!

- 72 Seiten
- Format: Sachbuch 135x205 Ringbindung 90g weiß, matt
- Erscheinungsdatum: 08.02.2024
- ISBN: 9783758470103
- Sprache: Deutsch

Mit einer Mischung aus Abenteuer, Emotionen und zauberhaften Elementen ist **"Flügel der Freundschaft"** eine herzerwärmende Erzählung, die kleine Leser in eine Welt entführt, in der Träume wahr werden.

- 116 Seiten
- Format: Taschenbuch 125x190 Softcover 90g creme, matt
- Erscheinungsdatum: 19.12.2023
- ISBN: 9783758450051
- Sprache: Deutsch

Wilma Wachtel 4 - Schnabularasa - Rezepte für Piepsköpfe bietet Rezepte und Tipps für Wachteln, von Kräutern und Samen bis zu selbstgemachten Picksteinen und Tees. Ein Muss für alle Wachtelhalter!

- 68 Seiten
- Format: A5 hoch Ringbindung 90g weiß, matt
- Erscheinungsdatum: 23.06.2024
- ISBN: 9783759831330
- Sprache: Deutsch

Fabularasa Hase und Igel - Das große Rennen
40 Seiten Geschichte und liebevolle Ausmalbilder für Kinder ab 3 Jahren, fördert dieses Aktivbuch Kreativität, Sprachentwicklung und das Verständnis für Freundschaft und Fairness mit Hase und Igel.

- 40 Seiten
- Format: A4 quer Ringbindung 170g weiß, matt
- Erscheinungsdatum: 22.07.2024
- ISBN: 9783759844811
- Sprache: Deutsch

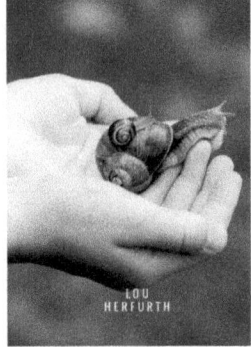

"Faszination Weinbergschnecken - Haltung, Zucht und Artenschutz: Alles, was du wissen musst" ist der ultimative Ratgeber für junge Entdecker und Schneckenliebhaber! Dieses Buch entführt dich in die faszinierende Welt der Weinbergschnecken und bietet umfassende Informationen zu ihrer Haltung, Zucht und ihrem Schutz.

- Sprache : Deutsch
- Taschenbuch : 114 Seiten
- ISBN-13 : 979-8342241236
- Lesealter : 10–18 Jahre

auch als Hardcover und eBook erhältlich.

Miu will Meer: 10 Gute-Nacht-Geschichten für kleine Abenteurer

Der kleine Kater Miu hat einen großen Traum: Er will das Meer sehen und Wasserski fahren! Doch da gibt es ein Problem – Miu hat Angst vor dem Wasser und kann nicht schwimmen.

- Sprache : Deutsch
- Taschenbuch : 120 Seiten
- ISBN-13 : 979-8336212761
- Lesealter : 7–18 Jahre

auch als Hardcover, eBook und auf Englisch erhältlich.

Balto rettet Weihnachten

Es ist Heiligabend, und Balto, ein neugieriger und fröhlicher Hund, erlebt das Abenteuer seines Lebens! Als Rudolph, das Rentier mit der berühmten roten Nase, plötzlich krank wird, steht Weihnachten auf der Kippe. Doch Balto zögert nicht lange und springt mutig ein, um dem Weihnachtsmann zu helfen, die Geschenke rechtzeitig zu den Kindern auf der ganzen Welt zu bringen.

- Sprache : Deutsch
- Taschenbuch : 120 Seiten
- ISBN-13 : 979-8336212761
- Lesealter : 7–18 Jahre

auch als Hardcover, eBook und auf Englisch erhältlich.

Miu sucht Glück

Miu, der neugierige kleine Kater, macht sich auf eine spannende Reise durch den Wald, um das Geheimnis des Glücks zu entdecken. Auf seinem Weg trifft er viele Tiere, die ihm zeigen, dass Glück in den unterschiedlichsten Formen existiert.

- Sprache : Deutsch
- Taschenbuch : 84 Seiten
- ISBN-13 : 979-8336176025
- Lesealter : 5–18 Jahre

auch als Hardcover, eBook und auf Englisch erhältlich.

Elyndoria Luminaqua

Clea dachte, Mathe sei das Schlimmste in ihrem Leben. Doch als sie wegen ihrer kreativen Eskapaden aus dem Unterricht fliegt und einer mysteriösen streunenden Katze folgt, gerät alles aus den Fugen. Die Katze führt sie in einen geheimnisvollen Zauberladen, in dem ein seltsamer Pinsel auf sie wartet – ein Pinsel, der ihr Schicksal in eine völlig neue Richtung lenken wird.

- Sprache : Deutsch
- Taschenbuch : 215 Seiten
- ISBN-13 : 979-8336871517
- Lesealter : 10–18 Jahre

auch als Hardcover, eBook und auf Englisch erhältlich.

Flitzepfote undercover - Die Spekulatus Verschwörung

In einer atemberaubenden Reportage, die in der ganzen Tierwelt für Schnappatmung sorgt, enthüllt Flitzepfote, Nussburgs wohl tollpatschigster und mutigster Reporter, das größte Festgeheimnis aller Zeiten! Vom Weihnachtsmann, der in seinem Spekulatius-Rausch fast die Kontrolle über die Feiertage verliert, bis hin zur rebellischen Osterhäsin, die kurzerhand ein eigenes Frühlingsfest ins Leben ruft – Flitzepfote war dabei und hat ALLES notiert! (Okay, fast alles, bis auf das eine Mal... aber das ist eine andere Geschichte.)

- Sprache : Deutsch
- Taschenbuch : 98 Seiten
- ISBN-13 : 979-8343656688
- Lesealter : 8–18 Jahre

auch als eBook erhältlich.

Jolly Joker - Der verfluchte Leuchtturm

Ein uralter Fluch. Ein verlassener Leuchtturm. Und ein Geheimnis, das besser nie gelüftet worden wäre...
Als Tom, Lena und Finn mit ihrem Hund Joker die mysteriöse Münze am Strand finden, ahnen sie nicht, dass sie damit die düstere Legende des Leuchtturms zum Leben erwecken. Der alte Leuchtturm birgt nicht nur längst vergessene Schätze, sondern auch das unheimliche Vermächtnis von Kapitän Grau – einem Piraten, dessen Geist bis heute über das Land wachen soll.

- Sprache : Deutsch
- Taschenbuch : 110 Seiten
- ISBN-13 : 979-8344279350
- Lesealter : 10–18 Jahre

auch als eBook und auf Englisch erhältlich.

Faszination Birkenporling

Tauche ein in die faszinierende Welt des Birkenporlings – einem der bemerkenswertesten Heilpilze der Natur!
Seit Jahrtausenden wird der unscheinbare Pilz von Kulturen rund um den Globus geschätzt. Heute erlebt er eine Renaissance in der Mykotherapie – nicht nur für Menschen, sondern auch für unsere vierbeinigen Freunde. Dieses reich bebilderte Buch vereint traditionelles Wissen mit moderner Forschung.

- Sprache : Deutsch
- Taschenbuch : 80 Seiten
- ISBN-13 : 979-8346173663
- Lesealter : 10–18 Jahre